Bibliografische Information der Deutschen Nationalbibliothek:

Die Deutsche Bibliothek verzeichnet diese Publikation in der Deutschen National-
bibliografie; detaillierte bibliografische Daten sind im Internet über http://dnb.d-
nb.de/ abrufbar.

Impressum:

Copyright © 2007 GRIN Verlag, Open Publishing GmbH
Druck und Bindung: Books on Demand GmbH, Norderstedt Germany
ISBN: 978-3-668-16847-3

Dieses Buch bei GRIN:

http://www.grin.com/de/e-book/317577/die-geschoepfe-gottes-tierethik-im-alten-
testament

Rebecca Weber

Die Geschöpfe Gottes. Tierethik im Alten Testament

GRIN Verlag

GRIN - Your knowledge has value

Der GRIN Verlag publiziert seit 1998 wissenschaftliche Arbeiten von Studenten, Hochschullehrern und anderen Akademikern als eBook und gedrucktes Buch. Die Verlagswebsite www.grin.com ist die ideale Plattform zur Veröffentlichung von Hausarbeiten, Abschlussarbeiten, wissenschaftlichen Aufsätzen, Dissertationen und Fachbüchern.

Besuchen Sie uns im Internet:

http://www.grin.com/

http://www.facebook.com/grincom

http://www.twitter.com/grin_com

Inhaltsverzeichnis

Tierethik im Alten Testament

Einführung

- „Tiere" sind im Alten Testament allgegenwärtig, es gibt kaum eine Seite, auf der nicht in irgendeiner Weise Tiere auftreten und erwähnt werden[1]; ca. 130 Tierarten tauchen auf; davon mehr als zwei Drittel in dem Katalog reiner und unreiner Tiere (3 Mose 1, 1; 5Mose. 14)
- dennoch wurde in der Bibelforschung dem Verhältnis Mensch-Tier lange Zeit nur wenig Beachtung geschenkt; erst in den letzten Jahrzehnten ist es im Zusammenhang mit der Umweltproblematik in den Blick geraten
- um angemessen über die Wahrnehmung des Tieres und über das Verhältnis zwischen Mensch und Tier zu sprechen, muss der Erfahrungshorizont des alttestamentlichen Menschen berücksichtigt werden, der ein grundsätzlich anderer ist als der des modernen Menschen

Das „Verschwinden der Tiere" (Bernd Janowski) aus dem Erfahrungshorizont des modernen Menschen

- enge Verbundenheit des Menschen mit dem Tier lange Zeit auch in unserem abendländischen Kulturraum
- Tiere als Gefährten und Feinde des M. allgegenwärtig; mehr wilde als domestizierte Tiere; beträchtliche Gefahren, aber auch Grundlage der Ernährung (Jagd)
- Allgegenwärtigkeit der Tiere => europäische Literatur und Kunst
- heute keine Rede mehr von der Allgegenwart der Tiere; Bruch zwischen Tier und Mensch, Zeitalter der industriellen Massentierhaltung und Ausrottung ganzer Arten
- Beziehung zum Tier bewegt sich heute zwischen immer größerer Entfremdung und Verdinglichung des Tiers als materielles Gut (Massentierhaltung, immer kleiner werdender natürlicher Lebensraum der heimischen Tiere, Artensterben) und Vermenschlichung bzw. Verniedlichung (siehe Werbung für Tierfutter…)
- von einer Einheit und Zusammengehörigkeit von Mensch und Tier, wie sie im alten Orient empfunden wurde, kann heute keine Rede mehr sein

Albert de Pury formuliert dies folgendermaßen:

„Für uns abendländische Menschen von heute und besonders für diejenigen unter uns, die in einem städtischen Kontext leben, hat sich die Tierwelt dermaßen unseren alltäglichen Beschäftigungen entzogen, dass wir sehr wohl ein ganzes Leben verbringen könnten, ohne direkt

---

[1] .Keel, Otto: Allgegenwärtige Tiere. Einige Weisen ihrer Wahrnehmung in der hebräischen Bidel. S.155-193. Hier: S.155.

2

mit einem Tier konfrontiert zu werden oder gezwungen zu sein, über die Nachbarschaft von Mensch und Tier nachzudenken."[2]

- Die griechisch-abendländische Tradition hat den Wesensunterschied zwischen Mensch und Tier hervorgehoben, ja das Menschsein als Nicht-Tiersein definiert.
- Von solchen Ansichten ist die biblische Tradition weit entfernt: Ihr gilt das Tier vorrangig als Geschöpf Gottes und zwar als das Lebewesen, das den Menschen am nächsten steht (Genesis 2,18ff.)

Das Tier in der Lebenswelt des alten Israel

- intensive Wahrnehmung der natürlichen Lebenswelt: Lebensbedingungen (landschaftliche Dreiteilung in Kulturland, Steppe und Wüste)
- Risikofaktoren: Erdbeben (1 Sam 14,15; Am 1,1; Sach 14,5), ausbleibender Niederschlag, Dürre- und Hungerkatastrophen (2 Sam 21; 1 Kön 17f; Jer 14 u.a.), Gefährdung der Pflanzenkulturen durch Insektenbefall und Heuschreckenplagen (Dtn 28,22.38f; Joel 1) oder die Dezimierung der Herden durch Krankheit und Seuchen
- Abhängigkeit des Menschen => elementares Wissen, auf die natürlichen Lebensbedingungen angewiesen zu sein; dieses Wissen spiegelt sich im sorgenden Bemühen um die Arbeits- und Nutztiere wieder

Tiere als ökonomischer Faktor – Kapital und Lebensgrundlage

- Schaf- und Ziegenherden bildeten die Hauptlebensgrundlage der agrarischen Gesellschaft Palästinas/Israels; mit den domestizierten Tieren teilten die Menschen den engen, geschützten Lebensraum der Dörfer und Städte
- dieses Zusammenleben der Menschen mit Haustieren setzte früh ein; in Vorderasien ist die Domestikation von Schafen und Ziegen als den ältesten Wirtschaftstieren am Ende des 9. Jahrtausends vor Christus anzusiedeln[3]; die Einteilung der Tierarten in Gen 2,20 setzt domestizierte Tiere voraus (schon in der Zeit der Entstehung dieses Textes keine Erinnerung mehr an die Zähmung der Tiere)
- Schafe als Opfertiere und Wolllieferanten; Ziegen als Milchgeber und Opfertiere, aber auch als Lieferanten von Lederschläuchen (als Behälter für Flüssigkeiten) und Haaren (Herstellung von Zeltbahnen), Rinder als Zug- und Arbeitstiere sowie als Opfertiere und Milchlieferanten;

---

[2] De Pury, Albert: Gemeinschaft und Differenz. Aspekte der Mensch-Tier-Beziehung im alten Israel. In: Janowski, Bernd. S.114.
[3] vgl. Staubli, Th.: Hinweise zur Haustierwerdung im Vorderen Orient. In: „Im Schatten deiner Flügel". Tier in der Bibel und im Alten Orient. Hg. von O. Keel und Th. Staubli. Freiburg (Schweiz) 2001. S.20-24.

Esel und Kamele als Reit- und Lasttiere, Tauben als Opfertiere, Hunde als Wächter und Begleiter)

Tiere als Feinde

- Ebenso präsent war aber die Bedrohung durch wilde Tiere; die Tierwelt Palästinas war zur Zeit der Entstehung des AT wesentlich zahl- und artenreicher als heute
- viele wilde Tiere: Löwen, Leoparden, Wölfe, Hyänen; einige, wie der Löwe (seit dem 13. Jh. n. Chr.) oder der syrische Elefant (bereits im 8. Jh. v.Chr.: Elfenbein) wurden schon früh ausgerottet
- Das Tier war nicht nur der schwächere, oft ausgenützte Gefährte, sondern auch der gefürchtete, manchmal überlegene Feind
- 2 Kön 17,25: Bedrohung durch Löwen

Die Allgegenwart der Tiere

- kaum ein Lebensbereich blieb von der Mensch-Tier-Beziehung ausgespart: abgesehen von den bekannten Esstabus und Sexualvorschriften (Sodomie: Ex 22,18, vgl. Lev 23,23, Dtn 21); Tiere bildeten den „innersten Kreis der menschlichen Umgebung"[4]
- der antike Mensch empfand Tier und Mensch noch als wesenhaft zusammengehörig, keine scharf markierte Trennungslinie

Emotionale bzw. affektive Seite des Mensch-Tier-Verhältnisses
Tier und Mensch als Freunde

⇨ 2 Sam 12, 1-10: Parabel des Nathan: ein armer Mann hält sein einziges Lamm wie eine Tochter, lässt es auch seinem Becher trinken, an seinem Busen ruhen; als einmal der Reiche Besuch bekommt und er dem Besucher ein Gastmahl zubereiten will, möchte er dafür aus Geiz keins seiner eigenen Tiere nehmen; stattdessen schlachtet er das Lamm des armen und bereitet es dem Mann zu, der ihn besucht; der Verlust ist für den Bauern mehr als ein materieller Schaden; verliert Lebewesen, das ihm ans Herz gewachsen ist

⇨ Reaktion des Königs David, dem das im Rahmen der Gleichniserzählung zur Rechtsbeurteilung vorgetragen wird: „Ein Kind des Todes ist der Mann, der das getan hat."

⇨ für den Verlust des mit dem Tier vernichteten Herzenswertes kann kein Ersatz geleistet werden (bezogen auf die durch frevelhafte Verführung der Gattin zerstörte Ehe Urias)

⇨ starke Gefühlsnähe zum Tier

---

[4] Berger, J.: Warum sehen wir Tiere an? In: ders.: Das Leben der Bilder oder die Kunst des Sehens. Berlin 1989. S.12-35. Hier: S.12.

- Sprüche 12,10: preist den Gerechten als einen Mann, der die Lebens- und Herzensbedürfnisse seiner Haustiere kennt, während der Sinn des Gottlosen unbarmherzig und hart sei
- Freundschaftsverhältnis siehe 5. und 11. Kapitel im Buch Tobit (Tobias und sein Hund als ständiger Begleiter)

Das Tier in der religiösen Wahrnehmung des alttestamentlichen Menschen

- Marie Louise Henry: Das Tier im religiösen Bewusstsein des alttestamentlichen Menschen: Verhältnis des Menschen zur Kreatur ist ein Gradmesser für seine Ehrfurcht vor dem Leben schlechthin[5]
- also muss es auch in irgend einer Weise sinnenfällige und wesenhafte Merkmale seines Gottesverhältnisses umschließen
- aus der Berührung mit dem ganz Anderen, Nichtmenschlichen starke Impulse zur Entfaltung religiöser Kräfte und theologischer Reflexion; teilweise wird Tieren sogar ein religiöser Vorbildcharakter zugesprochen

Die Verheißung, dass auch Tiere in den Gottesbund eingeschlossen sind, ist wesentlich für eine alttestamentliche „Tierethik".

Tiere als Mitglieder des Gottesbundes

- auch da, wo von Furcht und Schrecken der Tiere vor dem Menschen die Rede ist, geht der biblische Text weiter, als wir es je tun würden: mit der Verheißung, dass auch die Tiere zum Gottesbund gehören: Gen 9,8ff, vgl. Ez 34,25; Hos 2,20; Jon 3,3b-10)

Gen 9,8-10

„Dann sprach Gott zu Noach und seinen Söhnen, die bei ihm waren: Hiermit schließe ich meinen Bund mit euch und mit euren Nachkommen und mit allen Lebewesen bei euch, mit den Vögeln, dem Vieh und allen Tieren des Feldes, mit allen Tieren der Erde, die mit euch aus der Arche gekommen sind."

- ⇨ diese Verheißung bindet Mensch und Tier auf eine neue Weise zusammen, ohne die Distanz zwischen ihnen zu leugnen
- ⇨ Gen 9,2ff.: „Furcht und Schrecken vor euch soll sich auf alle Tiere der Erde legen, auf alle Vögel des Himmels, auf alles, was sich auf der Erde regt, und auf alle Fische des Meeres; euch sind sie übergeben."

---

[5] Henry, Marie Louise: Das Tier im religiösen Bewusstsein des alttestamentlichen Menschen. In: Janowski. S.20.

⇨ zum Herrschaftsauftrag des Menschen als Bild Gottes (imago Dei) später mehr

⇨ aus dieser Perspektive ergeben sich Bedingungen für das richtige Verhalten des Menschen gegenüber Tieren, zumal das schöpfungsgemäße Mensch-Tier-Verhältnis (Schöpfungserzählung) unter dem Primat des Segens (Gen 1,22.28) steht und wird in der abschließenden „Billigungsformel" als „sehr gut" bezeichnet (Gen 1,31)

⇨ das Tier selbst gilt im AT als „Manifestation des Segens", wobei Segen eine Kraft meint, mit der „Gottes immanentes Handeln und (…) eine Art Gotthaltigkeit der Welt angezeigt ist."[6]

In welchen Texten des AT finden sich Aussagen über das Verhältnis des Menschen zum Tier und damit auch Ansätze einer Tierethik?

- Aus dem Verhältnis zwischen Mensch und Tier sollen Folgerungen für den Umgang mit Tieren, also für eine „Tier-Ethik" des Alten Testaments gezogen werden.

- R. Bartelmus hat in seiner Untersuchung des Mensch-Tier-Verhältnisses eine Dreiteilung in prophetisch, priesterlich und weisheitlich geprägte Texte vorgenommen

---

- **geschichtlich-prophetische Texte**
- **Schöpfungstexte**
- **Rechtstexte, die das Verhältnis von Mensch und Tier näher bestimmen**

Geschichtlich-prophetische Texte

- hier finden sich „praktisch keine Reflexionen über die Tierwelt, über das Verhältnis Mensch-Tier" (Bartelmus 252)

- im Zentrum: Geschick des Menschen, der sich des Tieres als Wirtschaftsgut bedient, Tier als ökonomische Lebensgrundlage neben dem Ackerbau; von einem theologisch durchreflektierten Verhältnis zum Tier kann man nicht sprechen

- Tier als Objekt freier Verfügbarkeit; ausgesprochene Brutalität gegenüber dem Tier

- im Auftrag Jahwes lässt Josua die Pferde seiner Feinde lähmen, „und die Tatsache, dass man damals wie heute im Orient tote Esel einfach am Straßenrand liegen lässt, ist sogar ins Sprichwort eingegangen, weshalb Jojakim kurzerhand ein Eselsbegräbnis angekündigt werden kann" (vgl. Jer 22,19)

- Texte beschreiben konkrete Situationen aus der vor- und frühstaatlichen Lebenswelt Israels oder: (vor allem in prophetischen Texten): politische Notsituationen; Kampf um

---

[6] Müller, H.-P.: Segen im Alten Testament. Theologische Implikationen eines halb vergessenen Themas. ZThK 87 (1990). S.3. Nach: Janowski, Bernd: Gefährten und Feinde des Menschen. S.15.

pures Überleben, tiefere Überlegungen über Verhältnis zur natürlichen Umwelt kein Platz, oder bloßes Freund-Feind-Schema)

- Empfinden einer wesenhaften Zusammengehörigkeit von Mensch und Tier nicht grundsätzlich in Frage gestellt

- in den Texten des AT finden sich zumeist nur indirekte Aussagen über das Verhältnis von Mensch und Tier; besonders ergiebig sind dafür die Schöpfungserzählungen
- Reflexion des Verhältnisses von Mensch und Tier von der Wurzel her (wie Gott es von seiner Schöpfung her angelegt hat)

Schöpfungstexte

Jahwistischer Schöpfungsbericht (Gen 2,4b – 25)

- Gott baut die Schöpfung um den Menschen herum auf und setzt ihn in vier grundsätzliche Beziehungen: Beziehung zur Erde, Beziehung zu den Tieren, Liebesbeziehung und die Beziehung zum Schöpfer
- damit erhält die Beziehung zwischen Mensch und Tier den Rang einer der grundlegenden Dimensionen der menschlichen Existenz (de Pury)

1) Es existieren keine ontologischen Unterschiede zwischen Mensch und Tier

- beide sind aus demselben Erdboden (Grundmaterie Staub) gebildet, beiden wurde der göttliche Lebensodem eingehaucht (obwohl dies nur vom Menschen explizit berichtet wird); wesenhafte Zusammengehörigkeit von Mensch und Tieren"[7] bei gleichzeitiger Abgrenzung von der übrigen Schöpfung
- beide teilen das Geschick des Todes (Kohelet 3,19; Mitte 3. Jahrtausend v.Chr.)

„Denn jeder Mensch unterliegt dem Geschick und auch die Tiere unterliegen dem Geschick. Sie haben ein und dasselbe Geschick. Wie diese sterben, so sterben jene. Beide haben denselben Atem. Einen Vorteil des Menschen gegenüber dem Tier gibt es da nicht. Beide sind Windhauch."

2) Die Tiere wurden geschaffen, um mit dem Menschen in Beziehung zu leben

- „Es ist nicht gut, dass der Mensch allein bleibt." => gegen die Einsamkeit des Menschen
- Dasein der Tiere ist in seinem Bezug auf die Menschen gemeint
- **Benennung der Tiere (Akt der Namensgebung); symbolisches Ordnen der Welt**

---

[7] Schmitz-Kahmen, Florian. S.43.

- Vers 19b: Jahwe führt die soeben „gebildeten" Tiere zum Menschen (auf den Menschen ausgerichtete Bewegung ist erstes Indiz dafür, dass hier etwas um seinetwillen geschehen soll; Tiere nicht potenzieller Partner, sondern untergeordnet)
- Mensch erhält den Auftrag, die Tiere zu benennen; dies impliziert einen gravierenden schöpfungsmäßigen Unterschied zwischen beiden: die Befähigung zu Sprache (G. von Rad: „geistiges Vermögen, mit dessen Hilfe der Mensch seinen Lebensraum begrifflich ordnet."[8])

3) Das Tier ist als Hilfe für den Menschen gedacht

- Tiere eignen sich nicht als potenzielle Partner des Menschen; was ist dann ihre Bestimmung?
- V. 18: Entschluss Jahwes, dem Menschen eine „Hilfe" zu schaffen; verschiedene Bedeutungsnuancen des Begriffs „Hilfe"; bestimmend für die Bedeutung ist aber der „Aspekt gemeinsamen Handelns oder das Zusammenwirken von Subjekt und Objekt"[9]

Der priesterschriftliche Schöpfungsbericht Gen 1,1-2,4a
Das Problem des „dominium terrae" (V. 26b.28)

Interpretation (etymologische Untersuchungen; Schmidt vs. Lohfink, Zenger):
- die entscheidenden hebräischen Vokabeln sind „kabasch" (kbš)(in der EÜ wiedergegeben mit „unterwerfen" und „radah" (rdh), das in der EÜ mit „herrschen" übersetzt wird
- lange Zeit in der Forschung (Gunkel, Westermann) als „herrschen" im Sinne einer mit Gewalt verbundenen Aktion interpretiert (Analyse der Wurzel kabasch; abgeleitet von Joel 4,13, wo das Verb die Bedeutung „die Kelter treten" trägt; es existieren auch heute verschiedene Deutungsmodelle
- Zenger (neben Lohfink, Koch u.a.): metaphorischer Sprachgebrauch
- Gen 1 bezieht sich demnach auf die Königsideologie Mesopotamiens und Ägyptens
- das hebräische Wort ist „slm" (salem), das „Statue" (Gottesbild), Plastik, Flachbild, Relief bedeutet (vgl. 2 Kön 11,18; 2 Chr 23,17; 1 Sam 6,5 u.v.a.)
- der König ist demnach Abbild Gottes, sein Statthalter, Kultbild und Medium in der Welt
- ein zweiter Aspekt ist: der König hat für den Schutz und das Wohlergehen seines Landes zu sorgen (Hirte als beliebtes Bild)

---

[8] von Rad, Gerhard: S.58.
[9] Bergmann. THAT, II. (1976) S.257. Nach: Schmitz-Kahmen, Florian. S.48.

- nach der Grunderfahrung des Exodus (Befreiung alles aus Knechtschaft zu gemeinsamer Freiheit (vgl. Lev 25) Universalisierung und Demokratisierung der königlichen Aufgabe (indikativisch und normativ-imperativisch)[10]
- Bernd Janowski: „universale Ordnungsfunktion" des Menschen (S.191)
- der „königliche Mensch" soll als „Sachverwalter für das Ganze der natürlichen Schöpfungswelt Verantwortung übernehmen" (S.191)
- „Mit schrankenloser Verfügungsgewalt hat diese Herrschaftsordnung nichts zu tun"[11]
- in diesem Sinn begreift Gen 1,28 den Herrschaftsauftrag as „Segen"; eine spätere Auslegung innerhalb der Bibel bestätigt diese Funktion des Menschen als Hirte des Lebens, indem sie dessen positiv-fürsorgliches Walten in der Welt beschreibt:

„Den Menschen hast du durch deine Weisheit erschaffen, damit er über deine Geschöpfe herrscht. Er soll die Welt in Heiligkeit und Gerechtigkeit leiten / und Gericht halten in rechter Gesinnung." (Weish 9,2f.)

Zusammenfassung

Was sagt der priesterschriftliche Bericht über die Beziehung von Mensch und Tier?

1) Charakterisierung tierischen und menschlichen Lebens in Abgrenzung von der unbelebten Schöpfung (Mehrungssegen)
2) Wertung von Tier und Mensch als vor ihrem Schöpfer wesenhaft zusammengehörige Lebewesen
3) Betonung der menschlichen Vorrangstellung gegenüber dem Tier („Nicht-Erwähnen" des Mehrungssegens für Landtiere, Zuweisung höherwertiger Nahrung)
4) Darstellung des realen Mensch-Tier-Verhältnisses (im Sinne von „unterjochen")
5) Darstellung des schöpfungsgemäßen Mensch-Tier-Verhältnisses (im Sinne von „leiten, weiden, hegen"; Nahrungszuweisung)

Psalmen

Auch verschiedene Psalmen sind aufschlussreich für die Mensch-Tier-Beziehung im AT diesen Texten ist gemeinsam, dass das Phänomen Leben von seinem göttlichen Ursprung her als „Gabe" empfunden wird und dass dem Tier eine herausgehobene Stellung im Ganzen der Schöpfung zuerkannt wird

Psalm 8

„Für den Chormeister. Nach dem Kelterlied. Ein Psalm Davids."

---

[10] Zenger, Erich: S.91f.
[11] Janowski, Bernd: Herrschaft über die Tiere. Gen 1,26-28. In: FS N. Lohfink (1993). S.183-198. S.194.

- hier lassen sich traditionsgeschichtliche und theologische Parallelen zu den Schöpfungstexten (vor allem zum priesterschriftlichen Bericht) der Genesis feststellen (Auftrag des Menschen, Anthropologie), aber andere Akzentuierung
- Mensch als Herrscher über die Tiere eingesetzt, steht nur wenig niedriger als Gott
- diese Herrschaft ist aber eine vor Gott zu verantwortende: Jahwe bleibt Subjekt aller Verse und auch die Wiederholung der Anfangsverse am Ende des Psalms zeigt: Der Mensch hat nur Macht „im Namen Gottes", als sein „Bild"[12]
- im Gegensatz zum priesterschriftlichen Text wird die Zusammengehörigkeit von Mensch und Tier nicht extra betont

Psalm 104: Mensch und Tiere – Mitgeschöpfe

- später Psalm, Lobpreis des Lebens
- erstaunlich: dem Menschen ist kein Vorrang oder Höherwertigkeit eingeräumt, keine schöpfungsmäßigen Unterschiede
- er ist eingeordnet und eingebettet in den Gesamtzusammenhang des Lebendigen[13]
- hier steht der „Aspekt der Ermöglichung des Lebens" im Vordergrund (Ernährung und Versorgung der Lebewesen), vor allem die andauernde Ermöglichung (im Gegensatz zur anfänglichen Ermöglichung wie in Gen 1)[14]
- alle – Tiere wie Menschen – stehen im selben Versorgungszusammenhang => gleiches Lebensrecht[15] ; „Mitgeschöpflichkeit zwischen Tier und Mensch" (Gerhard Liedke)

- Schöpfungsberichte: Verhältnis von Mensch und Tier als Geschöpfe Gottes
- daraus erwachsen Verpflichtungen des Menschen im Umgang mit den Tieren und eine besondere Verantwortung gegenüber der gemeinsamen Lebenswelt, die ausdrücklich als „sehr gut" (Gen 1,31) charakterisiert wird
- dieses Verhältnis wird in den gesetzlich-priesterlichen Texten gespiegelt

Gesetzlich-priesterliche Texte

- „theologisch durchreflektierte Verhältnisbestimmung von Mensch und Tier"[16]

---

[12] Kirchhoff, H.: Sympathie für die Kreatur. Mensch und Tier in biblischer Sicht. München 1987. S.57.
[13] Liedke, Gerhard. S.202ff. In: Janowski, Bernd.
[14] Liedke, G.: Tier-Ethik – biblische Perspektiven. S.202f.
[15] vgl. Steck, O.H.: Welt und Umwelt. (Biblische Konfrontationen). Stuttgart; Berlin; Köln; Mainz 1978. S.69. Nach Janowski 204.
[16] Schmitz-Kahmen, Florian: Geschöpfe Gottes unter der Obhut des Menschen. S.12.

- es fällt auf, dass die Aussagen, die in diesen Texten über das Tier gemacht werden, mit denen des Bereichs Schöpfungsglaube übereinstimmen oder auf grundsätzliche Überlegungen zurückverweisen, die dort angestellt wurden
- im Bereich des Rechts zeigt sich auch – was oben erwähnt wurde -, dass vor allem Haustiere in die Lebensgemeinschaft des Menschen eingebunden waren
- dem Tier werden Rechte zuerkannt

(a) Recht der Tiere auf Ertrag ihrer Arbeit, Sabbatgesetzgebung

⇨ Prohibitiv „Du sollst dem Ochsen zum Dreschen keinen Maukorb anlegen." (Dtn 25,4) (wird im Korintherbrief 9,9 aufgegriffen!), bis heute ein geläufiges Sprichwort durch die allegorische Verwendung durch Paulus (Anspruch der Apostel auf Unterhalt)

⇨ Gedanke der Fürsorge, dem arbeitenden Tier soll ein Teil des Ertrags seiner Arbeit zuteil werden und nicht um einer Gewinnmaximierung willen verweigert werden[17]; es war im Alten Orient nicht unüblich, dem Rind das Maul zu verbinden, um zu verhindern, dass es stehen blieb und fraß

⇨ in Ex 23,12 (Bundesbuch) werden die arbeitenden Tiere (Esel und Rind als die wichtigsten Arbeitstiere) unter den Schutz des Gesetzes gestellt und in das Gebot kultischer Ruhehaltung einbezogen (Sabbatgesetzgebung)

⇨ das geschieht nicht etwa um des Menschen willen, denn ausdrücklich wird formuliert:
„Sechs Tage sollst du deine Arbeit tun und am siebenten sollst du Sabbatruhe halten, damit dein Rind und dein Esel ruhe." (Ex 23,12; weitere Stellen zur Sabbatgesetzgebung vgl. Dtn 5,14; Ex 20,10)

⇨ Arbeitstiere hatten wie der Mensch Anteil an der Sabbatruhe, sie rangieren in den Sabbatbestimmungen noch vor Fremden

⇨ Sinn dieser Regelung (vergleiche den Sinn der Brachjahrbestimmung in Ex 23,11): Mensch und Natur unterliegen der Gottesherrschaft, was zur Folge hat, dass „der organisierten Nutznießung von Arbeitskraft und Fruchtbarkeit des Feldes eine Grenze" gesetzt wird[18]

⇨ Bestimmung über das Sabbatjahr in Ex 23,10f. => während dieses Zeitraums darf der Kulturlandboden nicht bearbeitet werden; Noth spricht von einer „restitutio in integrum"[19]; Zurückversetzung in den schöpfungsgemäßen Zustand nach der

---

[17] Riede, Peter: Im Spiegel der Tiere. S.62.
[18] vgl. Otto, E.: Theologische Ethik des AT (ThW 3/2). Stuttgart 1994. S.101. Nach Riede, Peter. S.63.
[19] Noth, ATD 5. S.153.

Erschaffung durch JHWH; damit wird deutlich, dass nicht der israelitische Bauer im vollen Sinn Eigentümer des Bodens ist, sondern JHWH[20]; die Tiere haben denselben Anspruch auf die Gaben des Landes (weitere Bestimmung zum Sabbatjahr Lev 25,1-7)

⇨ Dennoch spiegelt sich hierin auch ein „praktischer Sinn": die wirtschaftliche Existenz selbst des Feindes darf nicht gefährdet werden, denn er ist von der Arbeitskraft seines Tieres abhängig[21]

Ex 23,5: „Wenn du siehst, dass der Esel deines Gegners unter seiner Last zusammengebrochen ist, so höre auf, dich von ihm fernzuhalten. Du sollst mit ihm zusammen Hilfe leisten."

⇨ Intention dieser Rechtssätze: hemmungslose Ausbeutung der Arbeitstiere verhindern

⇨ auch wilden Tieren gegenüber Schutzbestimmungen: Wild soll wie das Vieh Anteil am Ertrag des Sabbatjahres haben (Ex 23,11; Lev 25,7)

(b) Respekt vor der Weitergabe des Lebens[22]

⇨ besondere Schutzbestimmungen betreffen das Muttertier und sein Neugeborenes

⇨ Verbot, eine Vogelmutter über ihrer Brut zu fangen (Dtn 22,6f.)

⇨ Verbot, ein Böcklein in der Milch seiner Mutter zu kochen; findet sich gleich dreimal im AT (Ex 23,19b; 34,26b;Dtn 14,21c)

⇨ wenn ein Rind, ein Schaf oder eine Ziege geboren wird, soll das Junge sieben Tage bei seiner Mutter bleiben, erst danach darf es geopfert werden (Lev 22,27; Ex 22,29)

⇨ vorderasiatischer Raum vom 4. Jt. v.Chr. bis zum 3. Jh. v.Chr. und auch in Israel zu Beginn des 1. Jt. v.Chr. säugende Kuh und säugende Ziege als beliebtes Bildmotiv

⇨ hier drückt sich nicht etwa eine besondere Tierliebe aus, auch nicht eine Art „Kultpolemik"[23], d.h. Abgrenzung gegenüber den Bräuchen heidnischer Völker, sondern der Respekt vor der heiligen Schöpfungsordnung (es manifestiert sich hier, wie Florian Schmitz-Kahmen es formuliert, eine „dem neuzeitlichen Denken fremde Hochachtung vor dem animalischen Leben."[24], Respekt vor der Schöpfungsordnung (geheimnisvollen Vorgang der Entstehung neuen Lebens bewahren[25])

---

[20] Boecker, H.: Recht. S.79
[21] Riede, Peter: Im Spiegel der Tiere. S.62. Vgl. dazu: E. Otto: Theologische Ethik des AT (ThW 3/2). Stuttgart 1994. S.100f.
[22] Riede, Peter: Im Spiegel der Tiere. S.225. Vgl. Keel, O.: Das Böcklein in der Milch seiner Mutter und Verwandtes. Im Lichte einer altorientalischen Bildsymbolik. (OBO 33). Freiburg (Schweiz)/Göttingen 1980.
[23] Keel, Otto: Das Böcklein in der Milch seiner Mutter und Verwandtes. OBO 33. 1980. S.42f.
[24] ebd. S.13.
[25] Schmitz-Kahmen, Florian: Geschöpfe Gottes unter der Obhut des Menschen. S.101.

Hans Jochen Boecker:

„Hier geht es nicht darum, ein Ethos aufzurichten, Maximalforderungen zu stellen, an denen man sich hocharbeiten kann. Es geht darum, den von Gott gewährten Lebensraum zu wahren, dem Menschen die Grenze zu zeigen, die diesen ihm gewährten heilvollen Raum umschließt."[26]

Spr 12,10 fasst den sich in diesen Gesetzen widerspiegelnden fürsorglichen Umgang mit den Tieren zusammen:

„Der Gerechte weiß, was sein Vieh braucht, / doch das Herz der Frevler ist hart."

- auch hierin klingt die Vorstellung vom „guten Hirten" mit

- Ez 34,11ff. „Denn so spricht der Herr: Jetzt will ich meine Schafe selber suchen und mich selber um sie kümmern. Wie ein Hirt sich um die Tiere seiner Herde kümmert an dem Tag, an dem er mitten unter den Schafen ist, die sich verirrt haben, so kümmere ich mich um meine Schafe und hole sie zurück von all den Orten, wohin sie sich am dunklen, düsteren Tag zerstreut haben.")

(c) Tiere als Rechtssubjekte

- **Ex 21,28ff:** Strafmaßnahmen für den Fall, dass ein Tier einen Menschen zu Tode gestoßen hat
- Henry: Mensch und Tier werden unter ein und demselben Gesetz zur Verantwortung gezogen und nahezu gleichgestellt[27]; dies ist mehreren Exegeten zufolge unzutreffend (es wird ja auch der Viehbesitzer wegen Verletzung seiner Aufsichtspflicht angeklagt, was sinnlos wäre, wenn das Rind selbst für sein Handeln verantwortlich wäre!)
- Florian Schmitz-Kahmen: Tier ist zwar „straffähig", aber nicht unbedingt „strafmündig"[28]
- Westermann: „Jeder Mörder steht Gott gegenüber; Mord ist direkt und unbedingt ein Frevel an Gott."[29]; das gilt gerade auch für das Tier; es ist – ohne dass die Frage nach der Verantwortlichkeit überhaupt gestellt wird – der Bluttat schuldig, weil es als eine dem Abbild Gottes untergeordnete Kreatur die unantastbare Heiligkeit des Menschen missachtet und damit ein Tab durchbrochen hat

---

[26] Boecker, H.J.: Recht und Gesetz im Alten Testament und im Alten Orient. NStB 10 (1984). S.180.
[27] Henry, M.: S.38.
[28] Schmitz-Kahmen, Florian: Geschöpfe Gottes unter der Obhut des Menschen. S.133.
[29] Westermann, C.: Genesis. BK 1/1 (1983). S.627.

Schluss: Bedeutung für eine christliche Ethik

- E. Fascher hat schon 1965 geschrieben, dass es ein sehr verengtes christliches Weltbild wäre, wenn wir theologisch nur über das Gott-Mensch-Verhältnis oder das Mensch-Mensch-Verhältnis diskutieren würden und alle übrigen Kreaturen säkularen Organisationen wie dem Natur- und Tierschutz überließen[30]
- das AT selbst kennt keine Tierethik, es braucht sie auch nicht zu kennen, weil das Wissen um die grundlegende Ordnung der Schöpfung fest verankert war und bestimmte Regelungen nur dann gesetzlich festgehalten werden mussten, wenn die natürlichen Bedürfnisse von Mensch und Tier in Konflikt gerieten (wie ganz zu Beginn erwähnt, hat sich dieses Bewusstsein in der Moderne stark gewandelt)

Gerhard Liedke:

„Das gesamtbiblische Zeugnis legt uns für die heutige Situation extremer Gewalt gegen die Tiere und extremen Leidens der Tiere nahe, Minimierung der Gewalt gegenüber den Tieren und Linderung des Leidens der Tiere, wo immer es geht, als christliche Handlungsmaxime zu betrachten."[31]

Zum Abschluss das Fazit von Florian Schmitz-Kahmen:

„Das Alte Testament sieht jedenfalls die Tiere als das an, was sie sind: Geschöpfe Gottes, die unter die Obhut des Menschen gegeben sind."[32]

---

[30] Fascher, E.: Jesus und die Tiere. ThLZ 90 (1965). S.561-570. S.568.
[31] Liedke, Gerhard: Tierethik. S.213.
[32] Schmitz-Kahmen, Florian: Geschöpfe Gottes unter der Obhut des Menschen. S.147.

Verwendete Literatur

- Die Bibel: Einheitsübersetzung Altes und Neues Testament. Stuttgart 1980.(Herder)
- Gefährten und Feinde des Menschen. Das Tier in der Lebenswelt des alten Israel. Hg. von Bernd Janowski, Ute Neumann-Gorsolke und Uwe Gleßmer. Neukirchen-Vluyn 1993 (Neukirchener Verlag).
- Riede, Peter: Im Spiegel der Tiere. Studien zum Verhältnis von Mensch und Tier im alten Israel. Reihe Orbis Biblicus et Orientalis 187. Göttingen 2002 (Vandenhoeck & Ruprecht)
- Kirchhoff, Hermann: Sympathie für die Kreatur. Mensch und Tier in biblischer Sicht. München 1987 (Kösel).
- Schmitz-Kahmen, Florian: Geschöpfe Gottes unter der Obhut des Menschen. Neukirchen-Vluyn 1997 (Neukirchener).
- Zenger, Erich: Einleitung in das Alte Testament. 5. überarb. u. erweit. Auflage. Stuttgart 2004 (Kohlhammer).

BEI GRIN MACHT SICH IHR WISSEN BEZAHLT

- Wir veröffentlichen Ihre Hausarbeit, Bachelor- und Masterarbeit

- Ihr eigenes eBook und Buch - weltweit in allen wichtigen Shops

- Verdienen Sie an jedem Verkauf

Jetzt bei www.GRIN.com hochladen und kostenlos publizieren